CONDUITE

DE

LA VIE CIVILISÉE

PAR

J. G. COURCELLE-SENEUIL

> Un homme est civilisé quand il
> porte un sentiment de justice franc
> et résolu dans toutes les relations
> sociales.
>
> J. G. C. S.

PARIS

GUILLAUMIN ET Cie

RUE DE RICHELIEU, 14

—

1895

CONDUITE

DE

LA VIE CIVILISÉE

CONDUITE

DE

LA VIE CIVILISÉE

PAR

J. G. COURCELLE-SENEUIL

> Un homme est civilisé quand il porte un sentiment de justice franc et résolu dans toutes les relations sociales.
>
> J. G. C.-S.

PARIS

GUILLAUMIN ET Cie

RUE DE RICHELIEU, 14

—

1895

PRÉFACE

—

Peu de temps avant la fin de son existence, M. J.-G. Courcelle-Seneuil s'était
encore tracé un long programme de travaux à exécuter.

Ses esquisses inachevées contiennent
en germe plusieurs ouvrages d'enseignement dont le présent opuscule devait
être la préface.

La « Conduite de la vie civilisée », où
M. Courcelle-Seneuil revit avec son ar-
dent esprit de justice, semblerait pouvoir servir de guide à un jeune personnel enseignant

Il s'agit ici d'un écrit de premier jet, que l'auteur n'a pu relire, mais dans lequel ses anciens compagnons de travail retrouveront l'écho de sa pensée.

L. COURCELLE-SENEUIL.

CONDUITE

DE

LA VIE CIVILISÉE

Depuis longtemps, bien longtemps, bien longtemps les hommes habitent la terre et vivent dispersés en groupes d'inégale grandeur. Partout il y a des enfants, des jeunes gens, des hommes dans la force de l'âge et des vieillards des deux sexes, naissant, vivant et mourant les uns après les autres, en se succédant continuellement.

La vie de chacun d'eux ne se conserve et ne dure qu'au prix d'un effort continu fait par lui-même ou par un autre. Cet effort s'appelle *travail*.

I. — Le nid.

Avez-vous vu un nid rempli de petits oiseaux? La mère les couve, les réchauffe, les nettoie, les couvre de duvet lorsqu'elle s'absente et va chercher leur subsistance et la sienne. Le père l'aide dans tous ces soins : il s'occupe surtout d'apporter au nid la nourriture des petits : ceux-ci en peu de temps grandissent, acquièrent des plumes et des forces, puis le nid devenant trop étroit, ils en sortent et vont eux-mêmes chercher leur nourriture et leur vie.

Il en est de même de l'homme, avec cette différence qu'il reste petit bien plus longtemps que l'oiseau : même lorsque l'enfant marche seul et court, comme l'oiseau marche et vole, il faut à l'enfant de nombreuses années pour apprendre à vivre. Comme l'oiseau, il prend dans le nid maternel ses premières leçons, il y apprend à parler et y reçoit par la parole et l'exemple le premier enseignement , ce qu'il faut faire et ce qu'il faut éviter pour conserver et développer sa vie. A mesure que l'enfant prend des forces et grandit, l'enseignement s'étend et le père remet souvent à l'instituteur le soin de le continuer.

Ce sont le père et la mère qui donnent à l'enfant, avec la vie, les premiers moyens de la conserver et de l'agrandir. Il naît faible, absolument ignorant, impuissant, incapable de vivre par lui-même. Il n'apprend qu'en obéissant à ceux qui l'aiment comme une partie d'eux-mêmes, — qui, venus avant lui dans la vie, ont appris ce qu'il ignore et sont plus forts, tout comme plus expérimentés que lui. Il doit les aimer, avoir confiance en eux et leur obéir, jusqu'à ce que, devenu adulte à son tour, il soit en état de juger par lui-même et de se conduire lui-même.

Mais obéir est pénible, parce qu'il faut agir d'après une volonté qui n'est pas la nôtre : on aimera mieux ne rien faire, ou jouer et s'amuser que d'apprendre à être propre et poli, à lire, à écrire, à compter, etc., etc. Mais si l'on ne prenait pas l'habitude d'être propre et poli, on soulèverait le dégoût de ses semblables qui fuiraient la compagnie et la conversation d'un enfant mal tenu. S'il ne sait pas lire, il ne pourra profiter de l'enseignement des hommes qui depuis 'des milliers d'années ont consigné leurs observations et leurs conseils dans des livres. S'il ne sait écrire, il ne pourra communiquer, en bien des cas, sa pensée à ses contemporains et jamais à ceux qui viendront après lui. S'il ne sait compter, il rencontrera des difficultés journalières à ne pouvoir mesurer quoi que ce soit ni pour travailler, ni pour acheter, ni pour vendre. Ses parents savent combien il lui sera utile de savoir se tenir propre et poli, lire, écrire et compter : c'est pourquoi ils veulent qu'il apprenne tout cela : l'enfant l'ignore et c'est pourquoi il répugne à l'étude, s'il le savait il étudierait avec ardeur.

Il en est de même du savoir vivre qu'on apprend en profitant de l'expérience de tous les hommes qui nous ont précédés et qui consiste toujours à modérer et à régler par la raison les suggestions des instincts natifs, de manière à rendre notre vie aussi agréable que possible pour nous et pour les autres. L'homme le meilleur est celui qui a appris et s'est habitué à bien vivre. C'est l'homme *civilisé* avec lequel on peut vivre sans méfiance. L'homme mauvais est celui qui n'a pas appris à bien vivre ou qui, ayant appris, ne s'est pas habitué à conformer sa conduite à l'enseignement reçu. Il se laisse aller aux instincts, comme le sauvage, et est impuissant à les dominer : il nuit à lui-même et souvent aux autres, sans y songer : c'est un homme mal élevé, un homme inférieur, dont il est prudent de se méfier.

Pendant qu'il étudie, l'enfant se prépare les moyens de mieux pouvoir satisfaire ses besoins futurs, mais il ne fait rien pour satisfaire ses besoins de cha que jour. Il faut pourtant que chaque jour, il mange et boive, qu'il soit logé, vêtu, chaussé, etc., etc. Qui lui donne le logement, la nourriture, des habits et des chaussures? Son père et sa mère. — Comment peuvent-ils se procurer tout cela? Par leur travail. — Non, dit-on, ils vont chez le boucher, chez le boulanger, chez la fruitière, chez le tailleur, chez le cordonnier, et achètent de quoi pourvoir aux besoins de l'enfant en même temps qu'aux leurs. Mais qu'est-ce qu'acheter? — Comment ont-ils pu se procurer cette monnaie? — En donnant en échange leur travail. Ainsi, par exemple, le père et la mère ou l'un d'eux a travaillé pendant le mois dans un atelier : on l'a payé et c'est avec l'argent qu'il a reçu qu'il achète les objets nécessaires à la satisfaction des besoins de sa famille. Peut-être a-t-il fourni dans un bureau un travail d'un autre genre : quoi qu'il en soit, comme il n'y a de moyen légitime d'acquérir de l'argent que la vente d'un travail ou d'objets acquis par le travail, disons simplement : « par le travail ». C'est en travaillant que le père et la mère se procurent les moyens de satisfaire les besoins de leurs enfants pendant tout le temps que ceux-ci étudient. Ce temps est plus ou moins long selon que les parents veulent et peuvent donner à leur enfant une profession plus ou moins rémunérée, plus ou moins relevée dans la société.

Ainsi l'enfant travaille à l'école et dans toutes les écoles qui suivent la première, pour acquérir le moyen d'obtenir de son travail d'homme une rémunération plus ou moins élevée et, en tout cas, suffisante au moins pour la satisfaction de ses premiers besoins : il travaille, afin de pouvoir travailler encore et toujours, le plus utilement possible.

L'homme vit donc pour le travail et par le travail.

L'homme civilisé ne craint point l'effort et travaille volontiers : l'homme non civilisé répugne au travail.

II. — Division du travail.

Depuis bien longtemps les hommes se sont aperçus qu'en se rapprochant les uns des autres, ou en communiquant les uns avec les autres, pacifiquement, et en travaillant les uns pour les autres, ils pouvaient beaucoup mieux satisfaire leurs besoins qu'en travaillant isolés

et seulement pour satisfaire leurs besoins personnels. C'est par cette con-
sidération qu'ils se sont partagé les diverses professions et, dans chaque profession, les diverses espèces de travail.
Ainsi les uns cultivent le blé, d'autres
le font moudre, d'autres fabriquent du
pain, tandis que d'autres travaillent la
laine, le lin ou le chanvre et en font des
étoffes, que les tailleurs, les couturières,
les lingères façonnent en vêtements, et
que d'autres travaillent les cuirs pour
fabriquer de la chaussure, au moyen de
ciseaux, d'aiguilles et de fils qui leur
sont fournis par d'autres encore. Ce sont
d'autres hommes aussi qui apportent du
coton cultivé et récolté dans un pays
lointain, pour être filé, tissé, transformé
en vêtements, et pour le transporter ils
ont dû s'adresser à d'autres hommes,

qui avaient armé des navires par le concours du travail d'un grand nombre de
nos semblables.

Que chaque enfant examine la prove-
nance de chacun des objets par l'usage
desquels ses parents et lui-même satis-
font leurs besoins et il trouvera que
chacun de ces objets est produit par un
travail humain, que chaque individu
travaille pour un grand nombre d'hommes et qu'un grand nombre d'hommes
travaillent pour chaque individu. Le
boulanger offre du pain, le boucher de
la viande, le tailleur des habits et le
cordonnier de la chaussure à un grand
nombre de personnes et chacune de
celles-ci offre quelque chose à chacun
d'eux. Ils collaborent donc tous ensemble à satisfaire leurs besoins communs
on peut dire avec vérité que tous et les

hommes collaborent ensemble à cette fin.

Tous les hommes ne travaillent pas à produire des marchandises : il y en a bon nombre qui offrent leurs services à leurs semblables.Ainsi les domestiques, occupés du soin de la maison pendant que les maîtres sont occupés ailleurs ; ainsi les acteurs et les chanteurs, qui travaillent pour le divertissement du public ; ainsi les médecins qui donnent des conseils utiles à la conservation de la santé; les instituteurs, qui enseignent aux enfants et aux jeunes gens la conduite de la vie, etc., etc.

III. — L'échange.

Les produits de ce travail fourni par tous et utile à tous, doivent être et sont partagés entre tous et l'histoire nous montre que, dans les temps passés, les hommes ont imaginé et employé divers systèmes de partage. Le système le meilleur, consacré par les lois de la Révolution française, qui sont les nôtres, est la liberté du travail et l'échange libre entre citoyens égaux en droits. Dans ce système fort simple, chaque individu choisit librement son travail, en offre le produit à ses semblables et cherche à en retirer le prix le plus élevé qu'il peut : il tâche en même temps d'obtenir les services ou les marchandises dont il a besoin au prix le plus bas qu'il peut. Ainsi les marchandises et les services se partagent par un seul procédé, l'échange par lequel le travail de chacun est échangé contre le travail des autres.

IV. — La monnaie.

Autrefois l'échange n'était guère employé que pour les marchandises ; c'était le troc, qui se pratique encore sur la côte occidentale d'Afrique. On échange des gommes, des arachides contre des étoffes ou d'autres marchandises d'Europe. Mais ainsi pratiqué, l'échange était difficile et incommode : on a imaginé, pour le faciliter, de le diviser en deux opérations au moyen d'une marchandise destinée à cet usage, qu'on appelle *monnaie*, contre laquelle on échange toutes les marchandises ou tous les services. On peut, au moyen de la monnaie, acquérir par l'échange telle marchandise ou tel service dont on a besoin : on obtient la monnaie en échangeant contre

elle des marchandises que l'on possède
ou des services. L'échange effectué pour
acquérir de la monnaie s'appelle *vente*,
celui par lequel on obtient la marchandise ou le service dont on a besoin s'appelle *achat*. Chacun travaille et se procure de la monnaie par son travail vendu
en nature ou incorporé à une marchandise, puis se procure, au prix de la
monnaie obtenue, les marchandises ou
les services dont il a besoin : en fait, il
échange son travail contre le travail
d'autrui, et compare la valeur de l'un à
celle de l'autre par la somme de monnaie
obtenue de chacun.

Mais chacun voulant acheter au plus
bas prix possible et vendre au plus haut,
les personnes qui échangent ne sont pas
facilement d'accord. Après avoir débattu
le prix cependant, l'accord se fait. A

quelles conditions ? A un prix tel que le vendeur ne juge pas pouvoir obtenir un prix supérieur et que l'acheteur juge qu'il ne peut obtenir le service ou la marchandise à un prix moindre. L'accord des volontés détermine ce qu'on appelle la *valeur* de la marchandise ou du service vendus et achetés.

La liberté du travail et des échanges constitue un concours continu dans lequel le travail de chacun vaut plus ou moins, selon sa nature, qui le fait recher-cher plus ou moins et l'habileté d'après laquelle ce travail coûte moins cher ou plus cher à celui qui le fournit. Chacun prend la profession dans laquelle il espère trouver la rémunération la plus avantageuse.

V. — Travaux méconnus.

Il y a des travaux que la plupart des personnes ne voient pas et auxquels on serait disposé à refuser toute rémunération. On doit les signaler : ce sont les suivants :

1° Travail ou services du commerçant. Il consiste à acheter des marchandises par grosses parties et à les vendre en demi-gros ou en détail. L'épicier qui me vend une livre de café l'a acheté d'un marchand en gros, qui en a chargé un navire au Brésil, à Java, à Zanzibar ou ailleurs. Aurais-je pu aller chercher un kilo de café au pays où on le récolte ? Nullement. Aurais-je pu conserver ce café pour le moment précis où j'en aurais eu besoin ? Pas davantage.

2

Donc, l'épicier, qui m'a épargné tant de soucis et mis à ma portée du café qu'il me vend par telle quantité que je veux et au moment précis où je le veux, me rend un service positif, qui doit être rémunéré et qui l'est, parce qu'il me vend le café plus cher qu'il ne l'a acheté. La différence du prix d'achat et du prix de vente paie le travail qu'il m'a fourni. Les mêmes observations s'appliquent à tous les marchands, quel que soit le genre de commerce auquel ils se livrent. On ne voit pas à l'œil en quoi consiste leur travail, mais on le voit sans peine à la réflexion et s'il cessait les hommes seraient privés d'un très grand nombre de jouissances.

2° Travail du chef d'industrie. Un homme conçoit l'idée d'établir une entreprise industrielle, soit, une fabrique de fer et d'acier. Il étudie d'abord ce qu'il lui faut de bâtiments, d'appareils, de machines, quels ouvriers, quels commis il doit employer et en quel nombre, quelles matières premières il doit acheter, quelle quantité, de quelles sortes de fers et d'acier il peut fournir au commerce et à quel prix? Cette étude exige un long travail de préparation et de pensée. Puis vient l'exécution, qui exige une surveillance continue. Une fois l'entreprise établie et en marche, il faut veiller à ce que les matières premières arrivent à l'usine au moment du besoin, à ce que chaque commis, chaque ouvrier soit à son poste et y travaille, sans interruption : il faut veiller enfin à la vente des produits à un prix rémunérateur à des acheteurs solvables et honnêtes. Que de soucis ! que de soins !

quel travail ! Mais ce travail est mental et ne paraît pas. On voit celui qui le fournit aller, venir, causer, comme s'il ne faisait rien et on dit parfois qu'il ne travaille pas !

3° Travail du propriétaire et du capitaliste. Ce travail, moins visible encore que les précédents, consiste à conserver les propriétés et les capitaux nécessaires à l'industrie. J'ai besoin de me loger et n'ai pas de maison. Un propriétaire vient m'en offrir une ou, si mes besoins sont médiocres, un appartement, une chambre, un simple cabinet. Me rend-il un service ? Oui, sans aucun doute. Me le rendrait-il s'il n'espérait en être payé ? Non, assurément. S'il n'avait espéré recevoir un prix de location, la maison n'aurait pas été construite, ou achetée, conservée, et entretenue en bon état : le service n'aurait pas été rendu.

Je veux monter une entreprise industrielle ou faire une opération commer-
ciale et je n'ai pas pour exécuter mon
dessein, un capital suffisant : si je dis-
posais de ce capital, je pourrais gagner
de gros revenus et, faute de capital, je ne
le puis. Un homme, que je rencontre,
offre de me le prêter. J'examine ses conditions, j'accepte. Cet homme me rend-il
un service? Oui, sans aucun doute.
Quelle sera la durée de ce service? Le
temps pendant lequel ce capital prêté
restera à ma disposition. En quoi préci-
sément aura consisté le travail du prêteur? A conserver le capital prêté, qu'il
aurait pu, soit employer lui-même, soit
dépenser pour ses plaisirs. Il est bien
vrai qu'en l'empruntant je suis chargé
du soin de conserver le capital et de le
rendre à l'échéance. Mais si je ne sais le

conserver, je fais de mauvaises affaires ; si je dérobe ce capital et ne remplis pas mes engagements, qui subira la perte ? Le prêteur. Il a créé ce capital par l'épargne en se privant volontairement : il l'a conservé avec soin. Il a donc travaillé ; il n'aurait pas fait ce travail s'il n'avait pas espéré en être payé, et il ne continuerait pas de travailler ainsi, s'il cessait d'être payé.

VI. — Conclusion.

Tout le mouvement continu des achats et des ventes n'est autre chose que l'échange des services que les hommes se rendent les uns aux autres à un prix tel que les uns veulent bien les rendre et les autres veulent bien les payer. On a attaqué cet échange comme injuste

parce que les services étaient inégalement payés. Cette accusation repose sur
deux idées fausses : 1° la justice n'exige
pas du tout que les services soient également payés plutôt qu'inégalement :
elle voudrait plutôt qu'ils fussent payés
en raison de leur importance, dont personne ne saurait être meilleur juge que
ceux qui les reçoivent ; 2° personne ne
peut être bon juge des efforts d'un autre
homme, ni, à plus forte raison, comparer
les services de l'un avec ceux de l'autre.
Lors donc qu'on demande des rémuné-
rations égales ou, comme on dit, l'équi-
valence des salaires, on demande l'impossible, afin de satisfaire une justice de
fantaisie, qui n'a jamais existé, qui ne
peut exister et qu'on ne peut même con-
cevoir.

VII. — **Le gouvernement.**

Le plus grand nombre des hommes n'ont jamais été civilisés et, même aujourd'hui, la plupart ne le sont guère : ils se laissent trop facilement aller à l'instinct rapace qui porte chacun d'eux à s'approprier, par la fraude ou la violence, les produits du travail et les services d'autrui, sans lui rien donner en échange ou en lui donnant seulement ce qui leur convient. Dans les temps très anciens, lorsque les hommes vivaient dispersés en peuplades, ils se faisaient souvent et presque sans cesse la guerre : ils dépensaient autant ou plus de temps à s'attaquer et à se défendre qu'à travailler pour la satisfaction de leurs besoins. Enfin, lassés de cet état d'insécurité, quelques peuplades plus sensées que les autres imaginèrent de choisir un homme juste et de se soumettre à son jugement pour leurs différends, en lui donnant en échange de ce travail une rétribution. Ailleurs des chefs de peuplades soumettaient par force un certain nombre d'hommes, leur imposaient un tribut, mais les maintenaient en paix les uns avec les autres, afin qu'ils pussent mieux payer le tribut imposé. Des deux côtés le résultat fut à peu près le même : quelques hommes se trouvèrent élevés au-dessus des autres et investis du pouvoir de commander aux multitudes, afin de les maintenir en paix par la justice, au prix d'un impôt levé sur le travail des peuples. Ceux-ci se sont si bien trouvés de cette innovation que depuis qu'elle a été introduite, ils ont changé souvent de gouvernement, mais n'ont jamais cessé, ni essayé, de cesser d'être gouvernés.

VIII. — Deux sortes de rapports.

A dater de l'introduction du gouvernement, les hommes ont entre eux deux sortes de relations. Ceux qui étaient soumis au même gouvernement sur un même territoire étaient en paix les uns avec les autres et travaillaient à rendre cette paix plus profonde au moyen d'une justice plus grande. Ils écartaient d'eux, au mieux de leurs lumières et de leur puissance, la violence et la fraude, en éliminant par des peines les fraudeurs et les violents, ceux qui, dans la vie civile, persistaient à attaquer les personnes et les propriétés. Entre individus groupés dans des États différents, les rapports étaient autres et intermittents : tantôt ils étaient pacifiques et alors les peuples vivaient en paix les uns avec les autres ; tantôt les gouvernements des divers peuples élevaient des prétentions les uns contre les autres, les peuples les suivaient et se mettaient en état de guerre, le plus souvent sans savoir pourquoi. Dans l'état de guerre, on cherche à commander à autrui et à prendre ses biens par la ruse et la force : on se livre à tous les crimes qui sont punis dans la vie civile et on s'en glorifie.

Nous sommes encore aujourd'hui dans cet état imparfait de civilisation.

IX. — L'histoire.

L'histoire est remplie par le récit des dissensions qui se sont élevées entre les hommes, tantôt dans l'intérieur des États pour se disputer la possession du pouvoir souverain ou pour modifier la forme du gouvernement ou les conditions de la société, tantôt entre les peuples divers. Les dissensions intérieures sont allées trop souvent jusqu'à la guerre civile.

En effet, la constitution d'un gouvernement, qui a été utile au maintien de la paix entre les particuliers, n'a jamais été facile. Ceux qui sont chargés de gouverner, à quelque titre que ce soit, sont hommes et, par conséquent, animés de tous les désirs, de toutes les passions humaines. Elevés au-dessus des autres, ils ne sont pas contenus, comme les particuliers, par la résistance que ceux-ci rencontrent chez leurs semblables. Cette résistance est vaincue sans peine par l'homme élevé au pouvoir suprême ; il dispose de grandes richesses, et du glaive : il commande. Que de tentations, s'il ne sait y résister et se gouverner lui-même ! Que de tentations pour ceux qui aspirent à le renverser pour se mettre à sa place et qui n'ont ni l'habitude, ni la volonté de se gouverner et de se contraindre ! De là des difficultés considérables et sans nombre, aggravées par l'ignorance de la justice et de l'État juste.

X. — L'état juste.

Quel est l'état juste, celui auquel l'homme raisonnable doit aspirer. C'est l'état dans lequel se trouve le genre humain sur la terre, soumis à des conditions qu'il lui est impossible de changer. Le genre humain ne peut satisfaire ses besoins divers que par l'effort soutenu de son intelligence, de sa volonté et de ses muscles. Nul secours à attendre du dehors. Dans l'état juste, chaque famille doit vivre de son travail et de ce qu'elle obtient par l'échange libre des produits de ce travail. Si le gouvernement, chargé de faire observer la justice, attribuait à l'un une part quelconque des produits du travail de l'autre, il commettrait une injustice en plaçant son protégé au-dessus et sa victime au-dessous de la condition commune.

L'état juste est le but de la civilisation.

XI. — Droit et morale.

Les règles du bien vivre prescrivent certains actes et en défendent d'autres. Ces règles se partagent en deux classes : — l'observation des premières est imposée au besoin par la contrainte : ce sont les règles de droit. Les autres sont commandées sans contrainte à la conviction et à la conscience de chacun : ce sont les règles de la morale, dont l'observation s'impose à quiconque veut être digne de l'estime sympathique des hommes civilisés.

Les règles de la morale, comme celles du droit, sont et doivent être rationnelles : chacun peut toujours les discuter et en proposer la correction ; mais, en attendant que cette correction soit acceptée, il doit se soumettre aux règles et les respecter, parce qu'elles sont le résultat de l'expérience de tous ses prédécesseurs sur la terre. Avant de les blâmer, il est prudent de les étudier jusqu'à les connaître, si l'on ne veut encourir le reproche de légèreté téméraire. Ce reproche a pu être adressé à bon droit à bien des hommes, dans tous les temps et surtout dans le nôtre. En effet, tous les hommes ayant plus ou moins l'expérience de la vie, chacun s'imagine facilement et prétend qu'il a cette expérience tout entière, tandis qu'en fait personne ne la possède et ne peut en approcher qu'au prix de longues et patientes études.

Les règles de la morale et du droit ont commencé à être observées à une époque antérieure à tous nos souvenirs : elles ont été observées plus ou moins exactement par les hommes civilisés, discutées et améliorées dans le cours des siècles, si bien qu'on peut dire qu'elles sont l'œuvre de tous nos aïeux. Ces règles imposent des bornes aux instincts de l'homme natif, de la bête qui est en chacun de nous : il faut, pour les observer, savoir les contraindre soi-même par l'effort soutenu d'une volonté éclairée.

Savoir se commander et se contraindre soi-même pour bien vivre est le propre de l'homme civilisé.

Celui qui vit hors des règles de la morale et du droit, sans savoir comman-der à ses instincts et les dominer, ressemble aux bêtes et le plus souvent aux bêtes malfaisantes. Celui qui prétend être plus éclairé que tous ses prédécesseurs et supérieur à la condition humaine est un sot dangereux.

XII. — La vie privée.

La plupart des devoirs de la vie privée sont indiqués depuis longtemps par la morale et les lois civiles. Obéissance aux parents d'abord et à ceux qui enseignent, puis, pour les adultes, obéissance aux lois et aux magistrats chargés de les faire exécuter. Mais, il est un devoir sur lequel il faut particulièrement insister, c'est le devoir pour chacun de vivre par son travail propre. En effet, une fois que ses parents l'ont élevé, ils ne lui doivent rien et personne ne lui doit rien. Il n'est un homme, un citoyen indépendant qu'autant qu'il vit par son travail sous le régime de l'échange libre. Autour de lui, tous travaillent. Le grand nombre n'a pour vivre que son travail de chaque jour et travaille de ses muscles sous une direction volontairement acceptée. Quelques-uns prennent les soucis de la direction de l'industrie et de la conservation des capitaux; quelques autres, favorisés par l'héritage ou par une épargne heureuse et soutenue, se bornent à conserver des capitaux, tandis que d'autres travaillent dans les fonctions de gouvernement. Tous concourent à l'œuvre commune de la civilisation et on ne peut imaginer une suppression de fonction qui ne fût accompagnée d'une diminution de l'œuvre.

Il y a toutefois des non-valeurs. Ce sont les mendiants, les parasites, les indigents de toute sorte, les voleurs de toute dénomination, en général tous ceux qui vivent d'attentats contre les personnes et les propriétés, les joueurs. Tous ces gens ne prennent aucune part à l'œuvre commune : la plupart d'entre eux l'empêchent et la troublent. Ils imposent à la communauté des frais de police et de justice criminelle, d'entretien et d'administration des prisons, etc.

XIII. — **Les trois classes.**

Ainsi, au point de vue social, on peut partager les individus en trois classes : la première, le grand nombre, se compose de ceux qui vivent de leur travail dans les fonctions agricoles, commerciales et industrielles et dans les services personnels ; la seconde comprend ceux qui vivent de leur travail dans les fonctions appelées publiques, c'est-à-dire de gouvernement ; la troisième se compose des non-valeurs, de ceux dont l'existence est inutile ou nuisible à divers degrés à la civilisation. La première classe est la plus intéressante ; la seconde travaille à la conservation de la première ; la troisième ne sert à rien ou nuit. Les progrès de la civilisation tendent à diminuer le nombre des familles comprises dans la seconde classe et surtout dans la troisième.

XIV. — Relations d'affaires.

L'occupation du plus grand nombre des familles qui forment la première classe consiste à travailler pour vivre dans l'agriculture, le commerce et l'industrie et à échanger leur travail contre celui de leurs semblables dans des conditions très variées. De là naissent les relations d'affaires, dans lesquelles chacun défend et doit défendre son intérêt le mieux qu'il peut en discutant loyalement et en contractant sans violence et sans fraude. Tant qu'il ne s'agit que de marchandises, cette règle est assez généralement observée. Elle est violée quand on essaie d'élever ou d'abaisser artificiellement le prix d'une marchandise par une entente frauduleuse des producteurs, des vendeurs ou des acheteurs, dans les cas d'accaparement, par exemple.

Quand il s'agit de travail musculaire, la règle est plus souvent violée, parce qu'elle n'est pas comprise. L'acheteur et le vendeur se figurent que le contrat qui définit leurs rapports fonde un *état* dans lequel l'un est subordonné à l'autre, tandis qu'ils traitent seulement des conditions auxquelles l'un vend, l'autre achète le travail, l'un et l'autre restant juridiquement égaux et libres. L'ouvrier a de la peine à comprendre que le travail n'a pas plus de prix fixe que toute autre marchandise et que si celui du travail qu'il fournit lui semble insuffisamment payé, il doit chercher un prix plus élevé, soit dans une autre maison, soit dans un autre lieu, soit dans une autre profession.

Cette ignorance des conditions du contrat aboutit quelquefois aux mises-hors et aux grèves, par lesquelles les chefs d'industrie ou les ouvriers tentent d'altérer violemment les conditions du contrat, c'est-à-dire le prix du travail, par une combinaison artificielle analogue à l'accaparement. Toute grève ou mise-hors est moralement condamnable : l'une et l'autre suspendent artificiellement l'exercice d'une profession nécessaire et, par là, nuisent au consommateur qui est le peuple ; l'une et l'autre est une conspiration dont le but est d'altérer par un acte violent le jeu de la liberté du travail. La grève se complique le plus souvent de menaces ou de violences contre les ouvriers qui veulent continuer de travailler : alors elle devient un attentat contre le premier des droits, le droit de travailler pour vivre.

Dans les relations d'affaires qui naissent du travail et de l'échange libres, l'intérêt privé des individus et l'intérêt public se confondent habituellement. Il n'en est pas de même pour les fonctionnaires publics : les conditions de leur travail sont fixées par des personnes qui n'ont dans cette fixation qu'un intérêt peu défini et éloigné ; il en est de même de la rémunération. Ainsi, le fonctionnaire public payé par le contribuable est surveillé moins exactement que l'employé travaillant sous le régime de l'échange libre. Il a plus de mérite quand il s'acquitte bien du service dont il est chargé.

XV. — L'assistance.

A côté des deux classes qui collaborent à la conservation et au développement de la société vivent les non-valeurs. En premier lieu les joueurs qui ne produisent rien, occupés qu'ils sont à se dépouiller les uns les autres, selon des règles dont ils conviennent, sans troubler d'ailleurs la paix publique. En second lieu, ceux qui, sans avoir droit à rien, viennent, sous des noms divers, réclamer l'assistance, sous d'innombrables prétextes, et auxquels la pitié du public et des particuliers est dans l'usage d'accorder des secours.

Il est bon et conforme aux conditions de la civilisation que les pauvres invalides par nature ou par accident soient secourus par leurs semblables dans la mesure des facultés de chacun. Mais dans l'application, on rencontre des difficultés énormes. — La première est celle de constater l'indigence ; quand on l'entreprend, on rencontre bien des mensonges.

On trouve d'abord les mendiants, qu'aucune loi jusqu'à ce jour n'a pu supprimer. Des observations récentes ont constaté qu'entre ceux des grandes villes 5 0/0 à peine étaient peut-être pauvres : les autres étaient des spéculateurs, dont plusieurs assez riches et de simples fainéants, résolus à vivre sans travail aux dépens d'autrui. L'expérience a montré de même que les personnes qui se présentent habituellement ou par accident comme des volontaires de la bienfaisance publique, abusent bien souvent et s'approprient une part trop grande de fonds destinés par les donataires à secourir les véritables pauvres. En fait, on donne plus qu'il n'est nécessaire pour assister les vrais indigents, qui restent souvent sans secours, tandis que les fonds qui leur sont destinés vont à de faux indigents de profession, dangereux ou nuisibles. Ainsi les secours accordés légèrement, à l'aveugle, ont un effet fâcheux ; ils entretiennent une population mauvaise et lui permettent de se développer.

En matière d'assistance, il convient de donner largement aux personnes que l'on connaît et que vient frapper près de vous un malheur immérité ; d'être en même temps réservé et défiant pour les intermédiaires, si l'on ne veut faire du mal en croyant faire le bien. Bien donner est un art difficile, lorsqu'il s'exerce au-delà des relations personnelles : son exercice convient surtout aux personnes qui possèdent une grande fortune, des loisirs, et qui veulent donner à leur vie une occupation utile.

XVI. — **Relations générales.**

Veillez sur vous-même avec soin, afin d'être toujours juste ; veillez avec soin sur les autres pour vous défendre des tentations injustes.

La société dans laquelle nous vivons est composée d'individus très inégaux d'intelligence, de culture et de moralité. Le grand nombre vit en troupeau et suit la coutume, sans trop penser à bien ou à mal : quelques-uns vivent en groupes avec des prétentions plus ou moins élevées et des caractères divers. Tous, à peu près, pratiquent plus ou moins la politesse, qui est le vernis de la civilisation et un assez grand nombre vont jusqu'à la courtoisie, qui est l'exagération de la politesse ; mais lorsqu'on va au fond, on trouve que, si l'on rencontre un grand nombre d'hommes polis et même courtois, on n'en rencontre qu'un très petit nombre qui soit vraiment civilisés.

La civilisation consiste dans un sentiment de justice franc et résolu porté dans toutes les relations sociales.

Un sentiment natif et sauvage, qui ne meurt jamais, porte l'homme à s'approprier, autant qu'il le peut en dehors de l'échange, les biens et les services d'autrui. Les lois civiles et pénales ont imposé à l'expansion de ce sentiment des bornes que les hommes, même non civilisés, respectent par prudence : le sentiment de la civilisation impose à l'instinct rapace des bornes bien plus étroites ; ce sentiment n'admet la recherche du bien et des services d'autrui, ni par tromperie dans les relations d'affaires ni par accaparement plus ou moins dissimulé, ni par des sollicitations auprès du législateur.

Les hommes sont des animaux de la même espèce que vous, doués, comme vous, d'intelligence et de raison, vos collaborateurs pour la plupart, tous vos compagnons d'erreur et de misère : vous leur devez une bienveillance affectueuse et indulgente, mais non aveugle. Ils sont vos semblables, non vos égaux. Il existe, au contraire, entre eux des inégalités naturelles et sociales dont il serait dangereux de ne pas tenir compte. Comme la plupart sont peu civilisés, il faut vivre avec eux sur la défensive et n'accorder confiance qu'a ceux qui s'en sont montrés dignes par des actes et des habitudes. Quant aux paroles, on peut les négliger, car l'homme ment bien souvent, surtout lorsqu'il s'occupe de paraître meilleur qu'il n'est ou même le meilleur possible.

Les fonctions diverses établissent entre les hommes une subordination nécessaire. Dans l'industrie, les uns dirigent, les autres sont dirigés. Dans les fonctions de gouvernement, les uns commandent, les autres obéissent. Il faut savoir commander ou conduire lorsqu'on est chargé d'un commandement ou d'une direction et savoir obéir quand on est subordonné, en d'autres termes observer les lois de la société dans laquelle on est appelé à vivre. Mais la fonction ne fait pas l'homme et ne doit pas le classer dans l'estime de ses semblables : ce qui doit le classer, c'est son degré de civilisation, qui peut être très élevé dans les fonctions les plus humbles et très bas dans les fonctions les plus élevées.

Nous devons aux fonctions dirigeantes le respect extérieur ; rien de plus. Quant aux individus que nous connaissons, nous devons les apprécier et les juger d'après leurs habitudes plus ou moins civilisées, être sévères dans les limites de la justice pour les malfaiteurs qui agissent en sauvages au milieu de la civilisation et accorder largement l'estime et le respect aux hommes qui se montrent par leurs habitudes vraiment civilisés.

XVII. — Relations de société.

Chacun de nous vit habituellement dans un coin de la terre où il n'a de relations suivies qu'avec un petit nombre

de ses semblables. Les relations de société sont fondées sur le plaisir qu'on
éprouve à voir fréquemment un certain
nombre de personnes et à causer avec
elles dans un état d'intimité plus ou
moins grand. Chacun cherche pour
sa société des individus qui sentent,
pensent et parlent à peu près comme
lui, jugent comme lui, ayant des habitudes morales analogues aux siennes.
Aussi juge-t-on souvent non sans raison
la valeur morale d'un individu d'après
celle des personnes qu'il fréquente habituellement. — Des relations de société surtout est née la politesse, art
d'être agréable à ceux que nous fréquen-
tons. Ne pas être désagréable est un
devoir : être agréable a des limites que
l'on dépasse lorsqu'on va jusqu'à la flat-
terie au mépris de la vérité. La déter-

mination de ces limites est très difficile.

Les conversations de société ont beaucoup plus d'importance qu'on ne leur en accorde. Ce sont elles, en définitive, qui dirigent la vie entière de la plupart des gens du monde et de bien d'autres encore. Le but qu'elles assignent à l'homme est « le bonheur par l'amusement oisif ! » Or, le bonheur, autant qu'on peut l'obtenir sur la terre, se rencontre dans l'activité continue qu'impose l'exécution d'un dessein raisonnable. La vie oisive et la recherche systématique du plaisir aboutissent à la satiété, à l'ennui, à l'indifférence et à l'éloignement pour nos semblables, affaiblissent l'intelligence des gens qui s'assujettissent à la mode, sans parler des tentations qui suscitent fréquemment des actes mauvais.

Les sujets ordinaires des conversations de société, sont les nouvelles et les jugements portés sur les actes des personnes que l'on connaît, ou de celles qui ont une vie publique, comme les artistes, les écrivains, les principaux fonctionnaires publics. Les nouvelles ne doivent pas être accueillies légèrement, parce qu'on en répand souvent de fausses. Les opinions doivent être réfléchies et surtout sincères. Les personnes doivent être jugées avec une indulgence mesurée quand elles sont absentes. On commet une indignité lorsqu'on flatte par devant les personnes que l'on déchire par derrière.

Un trop grand nombre de personnes sont inclinées au dénigrement et on en a conclu que les hommes se haïssaient les uns les autres. Cette haine n'existe pas ; seulement chacun cherche dans la société l'estime, la sympathie, l'admiration de ses semblables, et espère trop souvent l'obtenir en se montrant sévère pour autrui et en professant une morale rigoureuse. Tout cela vient d'une suggestion de l'égoïsme facilement et sottement accueillie par des personnes animées de sentiments pareils, dont aucune ne veut se montrer moins sévère que les autres, de peur d'être jugée plus mauvaise. Dans cet état d'esprit, on dénigre les gens sans les haïr.

On peut signaler d'autres erreurs habituelles et plus graves, dans les jugements de société. On estime les gens d'après la puissance que chacun possède, que cette puissance tienne à la beauté, à l'esprit, à un talent reconnu, à la possession d'une magistrature, surtout à la fortune. Cette erreur atteste une certaine bassesse d'âme et peu de discernement : un peu de bassesse parce qu'elle montre le secret désir de profiter pour soi-même d'une part quelconque de la puissance admirée, et peu de discernement, parce que la simple admiration n'atteint pas ce but. On pense également que la puissance procure le bonheur à qui la possède, ce qui n'est vrai qu'à une condition : que celui qui la possède sache en user comme un homme civilisé, ce qui se voit trop rarement.

Le possesseur non civilisé d'une grande fortune se reconnaît facilement à la grossièreté de ses goûts et à l'inutilité de sa vie. Il se joint ordinairement à un petit groupe de personnes qui font profession de vivre exclusivement pour le plaisir, par la satisfaction des appétences, sans réserve ni travail d'aucune sorte. Le plaisir le plus grand des personnes ainsi groupées est celui qu'elles espèrent tirer de l'ostentation et du mépris de toute loi morale. En fait, ils sont malheureux et donnent un exemple nuisible au bon ordre social. Le riche civilisé satisfait largement ses besoins honnêtes ; mais il surveille et limite soigneusement l'ostentation, et prend pour travail celui qui est utile à la société sans être rémunéré, le travail qui, pour ce motif, est inaccessible au pauvre, travail d'assistance, travail d'études morales et politiques, de propagation d'idées utiles, etc., etc.

En général, les individus devraient être jugés, non d'après tel ou tel avantage que l'on espère tirer de chacun d'eux, mais d'après leur mérite, mesuré surtout par leur degré de civilisation. Point de haines collectives, parce qu'elles sont toujours injustes ; point d'estime ou de mépris suivant la profession ! Toutes les professions utiles à la société sont honorables pour qui les exerce honorablement, avec justice. Le pauvre, qui vit de son travail, mérite une estime particulière, parce que la vie est souvent dure et difficile pour lui : il la mérite davantage lorsque ses enfants sont bien élevés, davantage encore lorsqu'ils sont bien élevés et nombreux.

XVIII. — Les nations. — La guerre.

Les événements historiques ont amené les hommes les plus avancés dans la civilisation à se grouper en *nations*. Chacune d'elles occupe un territoire particulier dont les habitants reconnaissent un même gouvernement. Celui-ci a des attributions plus ou moins étendues, mais partout est chargé de maintenir entre les individus la paix par la justice, et de les préparer à se défendre par la guerre, s'ils étaient attaqués par une autre nation. Il est évident que la nation qui attaque a tort et grand tort ; mais on n'a pas encore appris à prévenir cet accident.

De là cette situation bizarre, qu'en état de paix, tous les hommes travaillent ensemble à se procurer les moyens de vivre et à chercher le bien-être au mieux de leurs lumières personnelles, tandis qu'en état de guerre, ils forment des groupes armés, afin de se voler et de se faire les uns aux autres tout le mal qu'ils peuvent jusqu'à l'extermination inclusivement. Les progrès de la civilisation ont bien posé des règles à la guerre et en ont quelque peu adouci les rigueurs; mais ces règles ne sont pas acceptées par toutes les nations, ni toujours observées par les nations mêmes qui les ont acceptées, si bien que la guerre est à tout instant possible et que chacun doit se préparer à se défendre.

Deux devoirs spéciaux naissent de cet état de choses : le devoir de payer l'impôt et celui de fournir le service militaire. De là un sentiment particulier qui nous fait considérer comme nôtres les intérêts de la nation à laquelle nous appartenons et qui s'appelle *patriotisme*. Il nous porte à désirer à cette nation tout le bien possible et particulièrement la victoire dans la guerre. Quelquefois ce sentiment, comme celui de l'intérêt personnel, s'aigrit et se déforme jusqu'à haïr les nations rivales et à leur désirer du mal. Le patriotisme droit est un sentiment très louable : le patriotisme haineux est injuste, surtout quand on s'y livre dans l'état normal, qui est l'état de paix.

Comme, dans les temps passés, la guerre a été déclarée par caprice et légèreté ou à la suggestion d'intérêts tout autres que ceux des peuples, notre constitution politique a très sagement rendu les déclarations de guerre beaucoup plus difficiles qu'autrefois. C'est à la sagesse du peuple de faire le reste.

Quand la guerre est une fois engagée, à tort ou à droit, le citoyen, quelle que soit son opinion personnelle, est tenu d'y apporter son concours. En effet, la guerre établit entre tous les concitoyens une solidarité à laquelle ils ne peuvent se soustraire sans se rendre coupables d'une sorte de désertion. Il est triste que cette solidarité soit forcée, mais elle est inévitable. Il faut considérer qu'elle est imposée aux ennemis comme à nous-mêmes, songer que la guerre n'est peut-être pas un résultat de leurs sentiments, déplorer cette nécessité de la destinée humaine et, tout en concourant à la guerre avec la plus grande rigueur, rester sans haines et surtout sans haines individuelles de peuple à peuple.

XIX. — Constitution.

L'assentiment des peuples est nécessaire pour constituer la légitimité du gouvernement. Celle du nôtre est fondée sur ce principe incontestable auquel on a donné le nom de « souveraineté du peuple ». Le *peuple*, dans cette formule, ce sont tous les individus dont la nation se compose.

Dans notre république, l'exercice de souveraineté (ou pouvoir législatif) est confié au Sénat, à la Chambre des députés et au président de la République élu pour sept ans par les deux Chambres réunies en congrès. Ainsi tous les magistrats chargés d'exercer la souveraineté sont désignés par les électeurs, suivant des formes et des conditions déterminées par les lois. L'objet de ces lois est d'obtenir le meilleur gouvernement possible et de régler la transmission pacifique du pouvoir souverain de manière à en assurer la continuité.

Le pouvoir législatif est partagé, afin d'éviter l'inconvénient des caprices et des fantaisies d'un seul homme né d'une seule assemblée. On a voulu que les magistrats, chargés d'exercer la souveraineté, fussent élus à temps, afin qu'ils sussent que le pouvoir souverain ne leur appartenait pas, que, hors de leurs fonctions, ils restassent de simples citoyens, sans autres droits que tous les autres. On a voulu que tous les citoyens ou à peu près fussent admis à participer par leur vote à la formation du gouvernement et que tous puissent en tout temps exprimer librement par la parole et par la presse leur opinion politique. Ainsi notre république est un gouvernement de discussion dans lequel toute erreur commise dans l'appréciation des choses ou des hommes peut être réparée : c'est en même temps un gouvernement de progrès, car si la multitude des électeurs ignore ses devoirs, ses droits et ses intérêts, les citoyens moins ignorants peuvent et doivent, avec le temps, finir par l'éclairer. C'est, entre toutes les formes de gouvernement, la plus digne d'un peuple civilisé, capable de se conduire par la volonté libre et l'intelligence de tous les citoyens. Mais sous ce gouvernement, tout repose sur la sagesse plus ou moins grande des électeurs et sur les choix qu'ils font. C'est pourquoi il importe qu'ils soient tous éclairés sur la conduite de la vie civilisée par un bon enseignement.

Les électeurs, les députés, les sénateurs, les ministres, les présidents de République, tiennent leurs pouvoirs de la loi dont la fin est d'obtenir le gouvernement le meilleur, c'est-à-dire le plus juste possible. Les députés et les sénateurs ne sont pas les mandataires des électeurs. Un mandat ne peut avoir pour objet qu'un intérêt privé et la constitution d'un gouvernement n'est pas chose d'intérêt privé. Si l'électeur donnait mandat aux sénateurs et aux députés, la direction du gouvernement appartiendrait à la multitude des hommes les moins éclairés, ce qui est contre raison : et si les électeurs ignorants voulaient faire prévaloir par l'élection leurs intérêts privés, ils iraient à se dépouiller les uns les autres, contre la justice, qui est le but du gouvernement et de la civilisation. — La fonction souveraine conférée par la loi à l'électeur est une charge : c'est une charge qu'il confère aux sénateurs et aux députés et que ceux-ci confèrent au président de la République. L'électeur doit choisir pour les fonctions de député et de sénateur les hommes les plus justes et les plus éclairés qu'il connaisse, afin que ceux-ci se proposent la même fin en nommant le président de la République. Les conditions du gouvernement de la République fondée sur le principe de la souveraineté du peuple, tels sont leurs actes.

Sous ce régime, toute tentative de révolte est criminelle, parce qu'on est criminel, lorsqu'on cherche par les armes ce qui peut être obtenu par la discussion et les moyens pacifiques. C'est le principe élémentaire de la civilisation. Il va sans dire que cela cesserait d'être vrai le jour où la discussion cesserait d'être libre.

Cette forme de gouvernement ne peut bien fonctionner qu'autant que les électeurs sont éclairés par le sentiment de la justice. Mais s'ils se trompent et vont à l'injustice, les souffrances qui en résultent leur conseillent des sentiments meilleurs et les ramènent vers la bonne voie. Ainsi, avec un peu de patience des gouvernés, la direction du gouvernement se rectifie d'elle-même, tout naturellement. C'est pourquoi, avec le temps, quelques erreurs qui puissent être commises et quelques catastrophes qu'elles amènent, cette forme de gouvernement finira par être préférée à toutes les autres.

Mais elle sera combattue et décriée sans relâche pendant bien longtemps, ouvertement et sournoisement par tous ceux qui voudront faire prévaloir à force de dissimulation, de clameurs et de mensonges, des intérêts privés contre l'intérêt public. Tels sont ceux qui voudraient livrer le gouvernement au clergé catholique et ceux qui, sous prétexte que la société actuelle (dont ils ignorent la constitution) a tous les vices imaginables, proposent de la détruire, afin de s'y faire une place à leur satisfaction.

XX. — Devoirs de l'électeur.

Les discussions électorales sont le domaine propre du mensonge : il n'en est pas dans lesquelles les hommes déploient autant d'art pour se tromper les uns les autres. Cela tient à ce qu'un trop grand nombre d'individus veulent s'élever aux fonctions de gouvernement ou peser de leur influence sur ceux qui les exercent, dans un intérêt privé, et aspirent soit à puiser directement ou indirectement dans le trésor public, soit à se faire attribuer des avantages particuliers auxquels ils n'ont pas droit. Comme leurs vues sont contraires à l'intérêt public, ils sont amenés à les dissimuler et à les couvrir ; ils déploient dans cet art une incomparable variété de ressources.

L'électeur doit s'appliquer en tout temps et en temps d'élection surtout, à discerner la vérité entre tant de mensonges. Le meilleur moyen qu'il ait de ne pas être dupe, c'est d'éviter d'être complice, en refusant avec soin d'y participer, des entreprises dirigées, au moyen de phrases retentissantes susceptibles d'interprétations diverses, contre l'intérêt public.

La défiance est utile dans les relations d'affaires : elle n'est jamais plus nécessaire qu'en matière électorale. Le devoir de l'électeur est donc fort simple : vouloir et chercher le bien public avec le plus grand soin et une vigilance soutenue. — Pour cela il doit se garder de négliger l'élection, de la considérer comme chose de peu d'importance, étrangère à ses intérêts privés. C'est une charge que la loi lui confère : il doit l'exercer avec intégrité et se souvenir qu'il s'agit d'un intérêt supérieur à tous ses intérêts privés, celui de l'avenir de la patrie.

Quelques vérités doivent toujours être présentes à son esprit :

La société dans laquelle nous vivons, bien qu'imparfaite et susceptible d'améliorations nombreuses, est incomparablement supérieure, à tous égards, à toutes celles qui l'ont précédée. Jamais les hommes n'ont vécu en plus grand nombre sur notre territoire ; jamais la richesse n'y a été aussi grande, jamais les individus n'y ont été aussi libres ; jamais ils n'ont joui d'une sécurité plus grande ni d'une justice moins imparfaite ; jamais chacun d'eux n'a pu, par un travail innocent, s'élever plus facilement, plus rapidement et plus haut; jamais, en définitive, les hommes, particulièrement les plus pauvres, n'ont été dans une condition meilleure qu'aujourd'hui. Quiconque dit le contraire, nie l'évidence ou ne sait ce qu'il dit.

Seulement, aujourd'hui comme autrefois, les hommes n'ont pas tout ce qu'ils désirent et ils font des efforts pour atteindre la richesse qu'ils espèrent obtenir, sans trop regarder aux moyens. En voyant les pouvoirs publics fléchir, un grand nombre essaient d'obtenir davantage en criant très haut, en se plaignant, en menaçant, sans raison ni justice, en dehors de toutes les conditions de la vie civilisée. Alors, grâce à une ignorance trop répandue, tout le monde s'est trouvé mal à l'aise, parce que chacun a senti que les relations devenaient plus difficiles et que la sécurité diminuait. Toutefois, jusqu'à ce jour, ce malaise n'est qu'un simple effet d'imagination dont la cause est connue et peut encore disparaître. En fait, l'état social est plus tolérable qu'à aucune autre époque de l'histoire et jamais la patience n'a été plus facile. L'étude du passé, en nous montrant la lenteur avec laquelle les sociétés apprennent, nous enseigne que cette patience est indispensable jusqu'à ce que les hommes aient bien compris les conditions de la société nouvelle, paix par la justice et la civilisation.

Mai 1892.

TABLE

Paris. — Typ. A. DAVY. 52, rue Madame

Documents manquants (pages, cahiers...)
NF Z 43-120-13

www.ingramcontent.com/pod-product-compliance
Lightning Source LLC
Chambersburg PA
CBHW061403060726
47597CB00003B/955